상처난 꽃에게
희망을

蘭軒 김영순

| 시인의 말 |

심리학에서 치유는
'그 사람이 되는 것'이라고 말한다.
상처 나고 아픈 꽃이 된 나는 껍질을 벗고
세상으로 나와 아픔이 된 사람들에게
위로이고 싶다.

또한 밤새 별빛을 먹고 이 땅에서 하지 못한
누런 말들을 하얗게 쏟아내고 싶다.

그리고는 꿈속에서 뛰쳐나와 밤처럼 울 것이다.

봄이다.

2025년 강릉에서 蘭軒 김 영 순

차례

● 시인의 말

제1부 | 레퀴엠, 生의 끈을 놓으려는 그대

레퀴엠, 생의 끈을 놓으려는 그대	10
마스크를 가지고 노는 캘리포니아 바다사자	12
비-자유로부터 나를 버리는 날	14
나는 노예였다	16
사순절, 그리고 나의 고백	18
상처난 꽃에게 모차르트를 처방했다	20
시간의 곳간	21
불안함은 상처로 남는다	22
균열	24
손바닥 선인장	25
석수장이	26
폭우가 지나간 후	28

제2부 | 그의 손

그의 손	30
밤을 서성이는 갸륵한 시간	32
백일홍	34
홀로서기	36
외할머니의 고향	37
봄의 아이들-이중섭의 '봄의 아이들'을 보고	38
냉장고, 그리고 시	40
늙어감에 대한 상고	42
시 창작하기	44
그림자	46
벚꽃터지는 날, 미사	47
세월이 가면	48
양파	50
장조림 만들기	51

차 례

제3부 | 파도

꽃 2	54
애인	55
경계에 서다	56
파도	58
갈대	60
피아노1	61
피아노2	62
말 그리고 말	64
아들	65
꽃의 말	66
아프게 아프게	68
쏟아지다	70
아들아, 사랑하는 아들아	72

제4부 | 가을이 오는 소리

편지	78
평화가 보이시나요	79
누가 연탄의 향기를 독하다고 했는가	80

가을이 오는 소리	81
'내 꽃이 되어주세요' 하면	82
이별	84
처음이다	86
존재마저 잊혀진 생은 냄새도 없다	87
친구라는 이름	88
낮달	90
봉숭아	91
별, 개나리 꽃으로 피어나다	92
상견례 하던 날	93
쉼표, 그리고 나의 인생찬가	94
새, 그리고 이방인	96
시간, 그리고 두근거림	98
나, 그리고 모차르트	100
새소리에 시계는 잠을 깨고	102
푸른눈의 실뱀이 그곳에 있다	104
사랑이 머문 그 자리에 내 꽃도 피리니	105

시집 해설 | 이영춘 시인

시 속의 음악, 음악 속의 시 세계	107

| 제1부 |

레퀴엠, 生의 끈을 놓으려는 그대

레퀴엠, 생生의 끈을 놓으려는 그대

1 찬양하라, 검은 깃발
   빗방울이 눈물처럼 흐르는 곳
   갈기갈기 찢어진 사랑의 숨결
   죽음의 냄새가 진동한다
   영롱한 소프라노, 폐를 가르고
   깊은 베이스, 상처 난 짐승 되어
   마지막 종말 한숨이 된다

2 함께 아플 수 없는
   '미안해요, 더 이상 같이 못 가겠어요'
   모차르트가 웃기 시작한다
   현란한 몸짓
   철없는 노란 별 둥근 세월 뛰어다니며
   끈적하게 불멸을 노래하지만

3 노트르담 대성당에서 노스탈지아- 세상의 끝
   두 개의 불을 밝히려 애를 쓴다
   회색 지붕 노틀담의 등 굽은 늙은 남자
   종탑을 흔든다
   세느강은 흐르고
   장미창은 향기로운데 맡을 수 없다

4　사랑은 어디 있었을까
　　심장이 두근거리고
　　나눌 수 없는 어색한 감정
　　처음 만남의 떨림이 퇴색되지 않은 채
　　출발의 끈은 끝이 나고- 나는 무엇을 잘못하고 있는 걸까

5　낙원 같았던 진실은 차가운 현실이 되고
　　괴물 되어버린 세상, 무서운 시편
　　빈 영혼이 움직이고 나는 공범자가 된다

　　*'아버지, 마왕이 나를 오라고 해요'
　　'아니란다. 그건 흔들리는 나뭇가지'
　　'아버지, 마왕이 손짓해요'
　　'나는 너를 사랑한다 너의 아름다운 모습을'

6　생의 끈을 놓으려는 그대
　　삶에 기적이 있음을
　　평화가 입을 맞춘다
　　*레퀴엠 텍스트에 혼魂을 불어넣고
　　날자, 날자

* 슈베르트의 '마왕' 중에서
* 레퀴엠: 죽은 사람의 영혼을 위로하기 위한 미사곡

마스크를 가지고 노는 캘리포니아 바다사자

세계의 끝으로
사람이 걸어간다
아흔아홉, 아흔여덟, 그리고 다섯
입에 문 흰 백합꽃, 환하게 피어 있다
아름다운 날은 더디오고, 기다렸던 이는
허공을 갈라 아픈 몸으로 다가온다

빌딩처럼 솟아오르던 풀들이
함성 지르며 눕기 시작한다
그들에게도 눈과 코가 있어
검은 비닐봉투에 담긴 영혼이 몸부림치듯
누렇게 무너져 내린다

꿈을 꾸기 시작한다
안갯빛 물속
영롱한 눈을 빛내는 캘리포니아 바다사자
세계의 끝에서 놀고 있다
나는 놀란다
보이지 않는 바이러스들이
희뿌연 수면에 들어가 있다는 것을 그는 알고 있나 보다

나의 눈은 어리석어 무너지는 풀들을 보지 못하고
철없는 바다사자 백합꽃 닮은 마스크 놀이를 한다
꿈속이 무거워 털어버리려 날갯짓 해도
가벼워지지 않는 딱딱한 심장
거짓말처럼 바다사자에게 백합꽃을 입에 물린다

그가 웃기 시작한다

비 - 자유로부터 나를 버리는 날

어렸을 적 어머니께서 옛 이야기처럼 말씀하셨다
천둥 할머니 오시면
벼락 할아버지 푸른 칼 시퍼렇게 담금질하여
말 안 듣는 인간들 혼내주러 오신다고

큰 산 하나 베어낼 듯
흰 칼 휘두르더니
쏟아지는 소나기
벌컥 화를 내며 유리창을 때리는 버럭 비
활화산 나에게 들어와 몸을 틀 때
불꽃 그만 피우라고 흠뻑 쏟아붓는다
시원한 해방감이다

눈물처럼 내리는 가을비- 적막함과
목마름으로, 천천히
Largo와 Adagio로 온몸을 맡기며
그 속으로 들어간다

사무치던 웃음이 무겁게
또는 가볍게 젖어가는 옷 속으로
아픔이 걸어 들어 온다

오늘 내리는 비
내일 내리는 비
매일 새로워지는 흐느낌
차가운 침묵

컴퓨터가 모르스 부호를 보낸다
ㄱㄱㅗㅠㅌㅌㅌㅌ

푸른 비 보내는 나른한 봄비
얼굴에도 초록 비
나무에도 초록 비
새싹에도 초록 비

계속 내리는 비는 구름도 파란색을 만든다
구름과 파란색과 대지가 혼란스러울 때
영혼은 자유로워진다

무수한 자유로부터 나를 버리는 날
눈물 같은 비, 누-ㄴ물 같은 비

나는 별꽃 되어 허공을 떠돈다

나는 노예였다

1　죄인 된 나는 노예로 태어났다
　　당근과 채찍이 표정을 잃게 한다
　　존재하는 당신의 사과 한쪽 훔쳐 먹은
　　차가운 손
　　얼음에 베인 심장 되어 한 생을 살벌하게,
　　가슴 속 피 토하며
　　침묵을 감내한 채 노래한다
　　'히브리노예들의 합창' 이 살 속을 파고들고
　　뭉크가 헝클어진 얼굴로 절규絶叫한다

2　일찍 지아비 잃은 복 없는 년 되어
　　삶이라는 중력에서 떨어지지 않으려
　　존재하지 않는 존재하는 자로 산다
　　시무룩하게,
　　상실된 잃어버린 존재
　　울음을 꾹꾹 눌러 다음 生에 드리지 마라
　　내 어머니의 어머니가 노예였듯이
　　천형처럼 떨쳐버릴 수 없다

3 내 하늘은 열리지 않는다
　 피타고라스 삼단논법이 연습을 한다
　 우리 집 유기견 누렁이는
　 나를 사육한다
　 먹이를 주고, 때맞춰 예방접종을 하고
　 산책하고
　 누렁이 기분에 맞추어 애교를 떤다
　 사랑한다고 안아주고 그와 나는
　 동질감을 느끼고
　 관계는 깊어진다
　 나는, 누렁이의 노예가 되고
　 그러므로 누렁이는 나의 주인이 된다

　 메시야가 없는 메시야 시대時代
　 부활을 꿈꾸는가

사순절, 그리고 나의 고백

미친 중세시대에 나는 피조물임을 깨달았을까
의식이 세계를 향유하며
보를레르의 악의 꽃
검은 우비 속에 가두고
우울한 하늘 손가락질하며 빈정거린다

* 주님의 수난을 함께 나눌 마음을 주시어
  언제나 주님을 사랑하게 하시며
  혹시라도 영원히 주님을 떠날 불행이 저희에게 닥칠 양이면
  차라리 지금 주님과 함께 죽을 행복을 내려주소서

바흐의 오르간 곡을 사랑했지
간격과 간격 사이 음표는 정렬되고
네모의 길이에 무언의 소리가 입혀지고
저 긴 음률,
당신의 이름은 무엇인가요
사랑이란 소리 없는 외침이 기어 다닌다
기억할 수 없어
너의 맨드라운 피부의 결 - 그것은 神의 거친 숨소리

살덩어리들이 양육되고
허공 속에 허우적대다 터져버린다
흩어지는 덩어리들
죽은 자를 위한 미사곡이 춤 춘다
꿈속에서 서러움이 꿈틀거리기 시작한다.

* 캐톨릭기도문, 십자가의 길 중 12처 차용

상처 난 꽃에게 모차르트를 처방했다

꽃도 아프다
꽃도 상처받는다
깊게 물든 노을에 얼굴을 붉힌다
마지막 고백을 한 잎들이 기억을 훔치고
몇 개의 바람에 멍든 밤, 꽃잎 한 개 떨궈낸다
낙화된 꽃은 별이 된다
하늘에 수많은 별꽃이 길을 내곤 한다
아파도 아프다 소리 한 마디 없는 그녀에게
모차르트를 처방했다

*모짜르트: '음악의 신' 이라 불리운 서양고전음악가

시간(時間)의 곳간

빼곡히 꽂아 놓았던 시간의 곳간, 흐릿한 눈길로
세월을 펼친다
풀어 놓은 사진첩 그 속에 어린 아기 달의 젖을 마시고 있다
달을 마실 때마다 몸은 노란빛으로 가득차고
눈은 산비둘기 닮아간다

까만 주름치마 흰 브라우스 소녀, 음표를 먹고
알파벳 찌꺼기 마시다가
풀잎들의 노래 소리, 기억을 털어낸다
외로운 그늘은 슬픈 시간을 낙서처럼 그려놓고
베아뜨리체를 꿈꾸던 여린 숨소리

삐걱거리는 뼈와 살이 몸부림치며 여울물에 쓸려간다
강물이 비틀거리고 큰 돌과 작은 알이 부서진다
모래 속에 서 있는 뿌리, 떨어진 내장을 먹으며
괴로움에 떨고 있다

새장에 갇힌 사진들이 날아간다
버려지는 배설물 속에는 딱딱한 언어가 뒤섞여 있다
과거를 기억하고 다시 태어날 것들을 끊어내며
끝나지 않는 공간을 힐끔거린다
달 속에 얼굴을 비비적거리며

불안함은 상처로 남는다

불안한 마음에 미사를 드린다
열심히 묵주기도를 하고 성체를 모시고 그것이 자비로운 불상이 되기도 한다

시를 쓴다 어떤 문학지에 실리든 상관 없다
떨어지지 않으려고 관계 속에서 벗어나지 않으려 애를 쓴다

가끔 완전한 외로움에 속하려고 몸부림 친다
홀로 산을 올라간다 꿈속에서도 발 버둥거린다

외톨이 되어 사람들의 손가락이 심장을 겨누면 소슬비 오듯 땀이 흐르고 두근거리는 소리를 듣는다

세계에서 밀려날까 두려워 한다
세계는 관계와 관계가 허물어질 때 깨져 버린다

폐는 각혈을 하고 채울 수 없는 공허함에 사랑한다고 말한다

사랑이 사랑이 아닐 때 자살을 꿈꾼다

바보라고 수줍은 듯 고백한다
상처입은 여인이 갑옷을 입는다

비늘처럼 돋아난 갑옷은 여린 상처를 갈갈이 찢어버린다

불안함은 상처로 남는다

균열

배꼽 밑 둥근 배가 툭툭 터진다
아이를 넣고 다니던 완벽한 세계
쭈글쭈글해지며 망가진 부조화
바라보던 눈길은 당혹감에 휩싸이고
어머니가 된 빈곤함은 견고함이 되었다

아름다운 것은 슬픈 것인지
슬픈 것이 아름다운 것인지

온몸으로 받아낸 허기
자라는 발톱이 되었다
보여줄 마른 몸은 꽃처럼 피어나고
쓰다듬는 혓바닥, 살을 태운다
되돌아갈 수 없는 헛된 욕망

빛나는 어지러움이여!

손바닥 선인장

약이 된다는 선인장을 사다 심었다
파릇한 어린 날 보송거리던 솜털

부채살 펴듯 단단하게 자라면서
그녀의 솜털은 밤송이 되어 손톱 밑에 박힌다

빈들의 적막함에 눈물 흘릴 때

양쪽 눈이 나만 바라보기를

나의 눈은 한 쪽은 멀고
한 쪽은 슬퍼져서
아프게 한 것들을 미워하는 동안
가슴에 박히는 수 많은 가시들

한 번도 상처받지 않은 사람처럼
가시 위에 핀
노란 꽃을

사랑 바람에
두 손으로 드린다

석수장이

1
제 기척에 놀랄 만큼
고요한 산등성이 밑
돌 깨는 소리가 요란하다
때려라,
부숴라,
쪼개라,
맞아야 하는 것이 운명
깨물고 다듬어 피 토하듯
비듬처럼 떨어지는 돌가루

2
그것은 비명의 공포
쨍쨍거리는 정과 망치 소리
구멍마다 푸른 꽃 피운다

3
통증을 모르는 심장에
피가 돌 듯
부처의 환한 웃음이 번지고
부서진 영혼에 숨이 허락된다

두 눈에 번지는
조용한 침묵
神의 고통스러운 기침소리

4
때려라,
부숴라,
쪼개라,
햇볕까지 투척하라
두들겨 맞아야 살아남는다

여기 없는 것과 거기 없는 것은 무슨 차이일까
잔뼈의 상실은 똥구멍처럼 차오르고
소외된 존재는 구원을 가볍게 여긴다

5
지옥에서 神이 걸어가신다

아서라, 아해야
법당문이나 활짝 열어놓거라

폭우가 지나간 후

몇날 며칠 내린 비에
넘실거리는 개울물
물고기 잡는다고 나선 오라비
물살에 목덜미 잡혀
머리카락조차 보이지 않는 곳으로
꼭꼭 숨어 버리고 말았다

안 된다, 안 된다
손사래 치며 나뒹굴던 어머니와
빈 하늘만 바라보던 아버지
무덤조차 만들지 못하고 떠나버린 영혼
장대같이 퍼붓던 장맛비에
응어리 진 속도 다 씻겨 버렸으면 좋겠는데
가슴속 검은 집 하나 만들어 놓고
그 이름 손 놓고 말았다

배곯라지 한 번 든든히 채워주지 못한 미안함에
평생 죄인처럼 살다간 어미
이젠, 보라색 국화꽃 되어
산 등지 밑, 오라비 혼 붙잡고
밤이면 온 산에 짙은 향기 뿜어내고 있다

| 제2부 |

그의 손

그의 손

사십여 년만에 만난 초등동창과 악수를 나누다
그의 손에서 한여름 가뭄에 타들어 가는
금이 간 갈고리를 만났다

수줍은 듯 제대로 펴지도 못하는 손바닥에서
찔레꽃 향기가 난다

손길 따라가다
봄내, 검은 흙과 솟아나는 풀들과
전쟁 치른 맨손이
쭈글쭈글 웃는다

미처 자라지 못한 손톱 밑은
긴 침묵과 함께 산수화로 덮여 있고
하현달 슬픔이 마음 위에 떠 오른다

차오르는 알곡 주워 담을 때
흘린 땀방울이 말라가고
늙어버린 손등
공손해진 모습으로 살을 태운다

가난해진 겨울이 풍요로워질 때
그의 손은 따스한 촛불 되어
살며시 문 닫는다

밤을 서성이는 갸륵한 시간

밤이 스며드는 어둑한 퇴근길
빛이 까무룩 스러져갈 때
반짝거리는 눈망울로 다가오는 검은 고양이
하루를 소비하다 내 앞에 등을 내민다
"지금 퇴근하세요, 나의 집사님"
그녀에게 선택 당한 나는 신발 끌며 더디게 밤을 서성인다

퀭한 눈빛의 그녀는
살그머니 발등으로 실타래 풀듯
가느다랗게 조심스러운 언어가 일렁거린다

치맛자락 속 아이가 되어 온갖 울음 토해내고
쭈글거리는 누추한 생
담아낸다

화火가 폭발하는 순간, 보이는 것이 번쩍거리고
단내 나는 입 속
모진 언어가 춤을 춘다
그것은 살풀이로 풀어내는 막막함
한 가지 속에 매달려 세포가 분열하고
제어되지 않는 브레이크가 속도를 붙인다
사막이 된 상처는 모래에 묻히고
밤이 구불거리며 내게 온다

22 시간 기다려온 검은 고양이
고요와 함께 빛나는 눈동자
또 다시 몸을 맡기는
마음 풀 그녀의 입에 대보는 손가락
밤을 서성이는 갸륵한 시간

백일홍

흰 뿌리 길 내어 숲을 이루고
물의 날개 강을 적실 때
태양 향해 반듯하게 얼굴 보인다

하늘 향한 마음이
온몸으로 태어나는 순간
백일의 사랑은 시작된다
쏟아내는 땀방울
붉은 입술
죽음에 키스하듯이

때로는 빛을 부둥켜 안고 울었으리
수분이 다한 꽃잎이
앙상하게 말라갈 때
서러움의 무게로 지켜보았을

사랑하고
사랑하고
또 사랑하라

늦은 밤, 발목이 낙엽에 묻혀 축축해 지고
표정 없는 낯선 희색 방
잊을 수 없는 몸짓으로 사무치는

빈 자리
뜨거운 허무가 헐떡거린다

홀로서기

혼자라는 건 슬픈 일이다
내 아이
초등학교 소풍 가는 날,
운동회 날,
아버지 day
비가 쏟아져도 우산 한 번 가져다주지 못한 날들
그럴수록 강해져야 한다고 아이를 다그쳤지만
마른 몸짓
기억은 눈물이 된다
'미안하다'
속울음에 시울이 펑 젖는다
아이는 엄마와의 동행이 얼마나 힘들었을까
서로의 등이 되었던 날들

아프다

외할머니의 고향

어릴 시절
사진 속 외할머니
목이 길어 사슴 닮은
그녀의 눈은
사운거리는 경포바다를 보듯 출렁거렸을 것이다

백자 항아리 머리에 이고
한 방울 흘릴까
흔들리는 바람 털어내지 못하고
꽃마차 서러운 소리에 눈물을 보았을 것이다

산 너머 두고 온 고향은 고택에 머물고
봄이면 피어내던 꽃 무덤에
하얀 새 안개 위 날아오르면
그녀의 꿈도 날아올라 푸르름에 묻혔을 것이다

물빛 청자 가슴에 담기고
쪽머리 고운자태 허기진 마음
그녀의 우물은
뜨거운 초저녁 별로
달구어져 갔을 것이다

봄의 아이들 - 이중섭의 '봄 아이들'을 보고

벌거벗은 원숭이들
환호하며 뛰어 다닌다

처음부터 탯줄로 이어진 그들은
시간도
길도
같은 속도로 물처럼 흘러왔을 것이다

사랑도 같이
눈물도 같이
하얗게 웃는 맨발은
풀진 자리 땅에 엎드려
맑은 소리 꼼지락 거린다

첫째 아이, 주위 살피며 엉덩이 비비적 거리고
둘째 아이, 유들거리며 등 굽은 채 빛 바라고
셋째 아이, 벌거벗은 영혼에 소스라치고
넷째 아이, 부처 닮으려는 듯 무상무념에 빠지고

그들의 이데아는 어디에 있었을까
에덴동산 모든 문은 열려 있고
生의 바람과
꽃과
자지러진 웃음이

봄 속에 피어난다

냉장고, 그리고 시詩

오래된 냉장고가 툴툴거리는 동안
젖은 고름 냄새와 술의 찌꺼기
낯선 냄새를 풍긴다

먼 제주 바다에서 잡아 올린
빛나던 은갈치
서서히 침몰하는 검은 눈동자 속
흐르는 차가운 방
세계의 끝을 보이는 흰 살, 살들

겨우내 참았던 암울한 꿈은
봄맞이 숫자에 기댄 채
희망을 걸어보지만
꽃들이 서서히 팔 걷어 올리며
벌의 뒤태를 간질일 때

가난해진 나의 냉장고는
헐떡거리기 시작한다
물에 젖은 채 신음하는 양배추
검은 머리카락으로 변해 버린 부추
늙어 쭈글쭈글해진 사과의 민낯

태어나면서
싱싱함을 꿈꾸던 뼈의 호흡

닳고 낡아버린
순간의 끝이 온다

시詩의 현실과 꿈의 서러움이다

늙어감에 대한 상고

임플란트를 해야 한다고 해서
금으로 덧씌어가며 버티고 버텼던
이빨 한 개를 보내 버렸다
손실된 어금니가 무엇을 먹든 나를 괴롭힌다

육십 조금 넘었을 뿐인데
귀도 눈도 녹슬기 시작하여 부스럭거리고
혈압 약, 당뇨 전 단계
구멍이 날까 병원순례를 한다

친구가 말한다
늙어감이란 피부에 검은 점이 생기고
조금씩 벗겨져 가며 늘어지고
흰 백반증이 조금씩 침식해 가는 과정이라고

그것은 우수에 찬 한숨이었다
몇 시간씩 라이딩하며 체력을 과시해도
먹은 나이는 어쩔 수 없는 세월의 모순

감추려는 존재와 드러나는 현실의 미학
정신의 삶은 점점 커지고
껍질은 떨림으로 수직 하향한다

붉은 여름
유령으로 변하는 세계
웅크린 허리를 꼿꼿이 펴 본다

시창작하기

캄캄한 도화지에 검은 칠을
한다
울퉁불퉁한 계단, 말言語이 보이지
않는다
흩어지는 단어를 좇아 허우적거리며 날개 짓
한다
선생님의 그림자도 밟지 말라고 소리
지른다
험난한 뒤꿈치, 뱀 같은 혓바늘로 물어
뜯는다
뇌 속이 울렁거리며 토악질을
한다
따로 움직이는 팔 다리, 반쯤 감겨진
눈眼속
고통으로 몸부림
친다
생각이 생각을 잡아먹고 부풀어
오른
젖가슴엔 뿌연 액체가 넘실
거린다

잃어버린 기억이 하얗게 바래
진다
비명도 지르지 못하는 입술, 내장이 튀어
오른다
무거워진 몸이 부풀어 오르며 투명 해
진다
거울 속을 들어
간다
신선한 하루가 잉태
된다

그림자

땅을 밟을 수 없다
도망치라고 망가진 마음은 재촉하지만
떨어져 나갈 수 없다
시의 옆구리 툭 치며
투명한 바닥 서성거리고
기형의 감각들이 꾸물거린다
"너를 잃어버릴 수 없어. 버릴 수 없어"

모든 곳에 살아 있는 너는 추락할 수 없다
신음하듯 움켜쥐는 붉은 옷자락
빛바랜 세계는 검은 망상뿐
고독에 목메어 비틀거리다
보들레르를 생각한다
그것은 실패의 꽃

탈출구를 찾고 있는, 또 다른 자아
검은 그림자가 화려해지기 시작한다
천천히 빛을 통과하며
하나 된 내가
세상을 향해 굴러간다

벚꽃 터지는 날, 미사

십자가 길을 간다
슬픈 눈의 남자는
발가벗겨 내려다보고
머리에 쓴 화관은
가시로 덮여 있다

스테인드글라스는 붉게 빛나고
오르간에 앉아 있는 나는
단조의 음울함을
손으로 만지고 있다

이번 고해소에서는
무엇을 잘못했다고 용서를 빌어야 할까
깜찍한 심장은
히죽이 웃고 있다
더 이상 씻어낼 수 없는
까맣게 타버린 가슴

성당 문을 열고 나오는 순간
쿵
벚꽃,
환하게 터지는 소리

세월이 가면

세월이 가면
가슴속 찌꺼기처럼
출렁이며 생각이 나겠지

사랑했던 눈짓
사랑하던 손짓
사랑한 몸짓

때로는 그리움으로 다가올 때도 있겠지
가끔은 보고플 때도 있겠지

미움보다는 사랑했던 기억만 남아
얼굴을
가슴을
마음을
바다처럼 느끼겠지

그리고 한숨 쉬며 말하겠지
사랑했노라고
그리워했노라고
보고 있어도 보고팠다고

먼 훗날
가슴 아픈 추억으로 남아
내 삶의 일부분으로 남아 있겠지

양파

살과 살들이 비비적거리며
서로에게 방해 되지 않도록
거리를 유지하며 관계한다

배를 펼쳐놓아도 납작하게 누워 있는
매콤한 향내, 투명한 껍질 속으로 안긴다

그의 집은 붉은 황토
한 음音 한 음音 쌓아질 때마다
영혼의 화음, 긴 숨 내쉬며
가만히 누워 오묘함을 듣고 있다

끝날 것 같지 않은 코로나라는 바이러스도
뿜어내는 그의 독설에는
나르키소스의 눈동자처럼
자신의 얼굴만 볼 뿐
스스로 상실해 간다

부숴 버릴 수 없는 집과 집들
여여如如한 아름다움

뜨거운 흰 방들이여!

장조림 만들기

가난한 사람이 부르주아 되는 날
붉은 심장 벌떡거리고
흥건히 고인 핏물, 수면 속에 잠든다

같이 가자고 살아온 세월 동안
부글거리며 부대껴온 몸과 몸

메추리알, 너의 살점 속에 녹아든다
짭조름한 고요가 매콤한 향내에 갇히고
끓어오르는 거품은 삶의 고뇌다

고뇌를 걷어내라
끓어오르는 고통을 날려 보내라

뒤틀며 울어대는 인연의 흐름
불꽃처럼 살다가 함께 가자고
너와 내가 살의 경계를 허무는 시간

느슨해진 욕망이
별처럼 돋아난다

| 제3부 |

파도

꽃 II

예쁘다고 하면
활짝 피고
사랑한다고 하면
따뜻해지고
네 옆에 있어줄게 하면
마음이 열린다

보라,
꽃이 열리는 소리를!

愛人

사람이 좋다는 그녀는

가난한 사람도
못난 사람도
팔 한 짝 없는 사람도
한쪽 눈 찌그러진 사람도 다 좋단다

그녀에게 모든 사람은 애인愛人이다

비가 오면 비가 오는 대로
눈이 오면 눈이 오는 대로
밤하늘 별 보고 윙크하고
달 보며 무시로 그리워하고
봄이면 무슨 꽃 피울까 설레는 마음
바람, 꽃, 햇빛, 바다 ...

자연에 속해 있어
보이지 않는 나는

모든 것이 사랑인 그녀가 좋다

경계에 서다

산다는 것은 경계에 서는 일이지요
미칠 듯 사랑한다는 생각이 한 순간
겨울밤 얼어붙은 돌처럼 되는 것도
선을 벗어났기 때문이지요

세계를 끌어안지 못하는 것과
자아自我속에 갇혀 사는 것도
영원을 믿지 못하는 불신 때문이랍니다

자유를 갖기 위해 버린 것이 많다고 생각하지만
생각은 생각 일뿐, 미련도 못 버려
멍에를 맨 소처럼 끌려 다녀요

신神과 인간의 경계에서
자유로울 수만 있다면,

헌옷 걸치고 헤진 신발과
벙거지 쓰고 진흙탕을 굴러도
진주를 목에 건 신부보다 아름답지요

사람이 사람으로 산다는 것이,
천개의 눈으로 그리움을 보고
무지개 그리며 이슬 위를 걷는 것처럼 어려운 것은

그것은
경계에 서서
무너지지 않는 선을 지키는 것이기 때문이랍니다

파도

갈퀴를 휘날리며
무리지어 달리는 흰 말들
쓰러지듯이, 일어서며 또 일어서며

거품 문 혓바닥이 헐떡이고
갈라지는 수 만개의 혀
쪼개진 삶, 세월의 무늬

일제히 함성을 지르는 푸른 뱀들
포복한 채 꿈틀거리고
흩어진 영혼은 허연 잠꼬대를 한다

이빨 드러낸 채
검은 바위 씹어 먹고
뱉어내는 헝클어진 내장
물방울이 꽃을 만들 듯 톡톡 터진다

박자도 없이, 쉼표도 없이
*무조의 노래를 부르며
재즈 춤을 추는 풀어헤친 긴 머리
푸른 생명 끌어안은 어머니

깃털 털며 흰 꽃이 피어나고
바람꽃 소용돌이 칠 때마다
'잘 견디라고, 살아내야 한다고'
외로운 손 눈물로 껴안는다

평생을 씻고 씻어
성불이 된 파도는
맨발이다

*무조음악: 조성을 가지지 않은 음악으로, 음의 사용에 있어서 조성음악의 테두리를 벗어버린 음악. 쇤베르크, 스트라빈스키등.

갈대

남대천 갈대밭길 강아지와 산책한다
동서풍 바람에 한결같이
서쪽 향해 날리기 시작하는 갈대들

겸손히 고개 숙이고 한곳만 바라보는
소리 없는 저음, 살 빠진 메마름
북풍한설 찬바람
온몸으로 맞아도
쓰러지지 않고 바람만 쫓는 사랑의 날개 짓

슬픔을 넘는 첼로 소리가 그러한가
푹 젖은 몸
밤마다 달님 향해 고백하는
달맞이꽃의 아우성이 그러한가

빽빽함 속, 가난한 순수의 언어로
길을 품고 있는

누가 갈대를 지조 없는 여인이라 하는가

피아노1

직진으로 내리 꽂는다
푸른빛이 번쩍 인다
둥글게 원을 그리며 활강할 때는
은빛으로 환하다
꿈틀대는 연어 한 마리 쪼아댈 때
짧은 소리 날카롭다
포물선 그리며 부드럽게 춤을 춘다
바다의 눈빛이 흔들린다
발 하나 들며 깡총 거릴 때마다
파문이 인다
빛 속을 향해 끝없이 올라
정점을 찍는다
가볍게 내려 앉는다
높은 곳에서 낮은 울음으로
낮은 곳에서 점점 자라기 시작한다

음표가 살아난다

피아노 2

언제부터인지 집안에 새가 살고 있다
그것이 한 마리인지 여러 마리인지
또 이름이 무엇인지 모른다

어렸을 적
오른손으로 치던 흰 건반
가끔 단조로운 백색의 색깔로
그만의 소리를 낼 때는
휘파람처럼 사라질 듯
떨어지는 가을 숲의 나뭇잎 냄새가 난다

벽속 깊은 곳에 숨어
꼬리조차 보이지 않는
카프카의 고양이 같은 은둔
긴 시계, 여운의 침묵 속
움츠렸던 깃털 털고
조용히 호흡을 시작한다

검은 건반이
교만으로 톡톡 농간을 부리며
번뜩이는 눈빛으로 휘휘 날개 젓는
저 자유로운 웃음은
이제는 내 집이 제 것인양
나의 껍질을 벗겨 버린다

둥글게 피어나는 꽃 냄새에
새 소리는 더 가늘게 쪼개져
그것이 쇼팽의 피아노 연습곡인지,
모차르트의 소나타곡인지,
흑인들 몸부림치는 재즈인지,
뇌 속이 반란을 일으킨다

검고 흰 새들의 아우성
나는 더 이상 숨 쉬지 않는다

말, 그리고 말

말들이 엉킨다
열린 문이라 생각해도 상처만 남긴 채
파편처럼 흩어져 버린다
단단한 언어의 알들이 쪼개지고
비수가 되어 허공을 날아다닌다

침묵하면 창자가 꼬이고
말을 열면 사라질 수 없는 오만함이
한꺼번에 솟아올라 추락한다

독한 언어의 빛나는 침묵은
풍랑 속 바다와 같다
소리는 울림이 되고 뱉어내지 못한 말들은
긴 머리되어 자라기 시작한다

웃음은 위험하다
울음은 간결하다
빠져 나갈 수 없는 네모난 방에 갇힌 나는
초승달을 기다린다

죽음보다 가볍게

아들

태몽이라고 불렀다
화분의 푸른 싹, 순식간에
창문을 넘고 지붕위로 올라 가득 채운다
몽고반점이 낙인찍힌 아이
나비 같은 싹을 달고
나의 연골과 가죽을 천천히 씹어 먹으며 심장을 키워갔다
한쪽 심장은 말의 상처를 담고
한쪽 심장은 세상의 바람을 닮아 갔다
탈바꿈을 할 때마다
감옥 같은 내 몸의 벽을 하나씩 부수고 문을 열었다
마지막 문을 열고 나갔을 때
꽃밭과, 사막과, 계단의 수근거림이
강물처럼 흘렀다
순식간에 뻗어나간 푸른 싹은
자궁과 태와의 단절이었다
벽과 벽 사이
누렇게 벗겨진 허물이 흙을 털고 있다
앞으로 기나긴 또는 짧은 生이
날을 세우며 달려들겠지

서서히 바람 빠진 내 몸을 닫는다.

꽃의 말

"우리 집에 오려거든 오월에 오세요
연산홍 눈웃음에 말의 씨들이 터지거든요"

흙벽이 좋아 가난한 집에 사는
산꽃 닮은 여자의 들풀 같은 말, 말

겨울이 저만치 남아있어
흰 눈 소북이 쌓여있는데
둥근 신발 동동거리며 흙속에 발을 담근 채
보라색 이름 모를 꽃, 삐죽이 고개 내민다

등 떠미는 바람과
잠깐 방문하는 햇살에도
생의 빛깔을 놓지 않는 꿋꿋함이란

'너, 거기 있었구나'

어여쁘다 말 한마디 듣지 못해도
추운겨울 이겨내느라 고생했다
위로의 손길 없어도
사랑으로 와서 침묵으로 가는 이름 모를 꽃

아름다움이란 이런 것이구나
사랑이란 그런 것이구나
눈眼 빛으로 천천히 바라보다
말없이 스러져 가는 것이구나

아프게, 아프게

어린 시절, 한 달에 한 번
버스타고 다녀왔던 목욕탕 순례
일 년 후에나 올 것처럼
탕의 수증기가
소낙비로 보일 때까지
시원찮은 때 수건으로 사정없이 문질러댄다

"그만해요, 창피하게"

목구멍으로 내뱉다가
소나무 등껍질이 되어버린
낡은 어머니 손등
물소리에 서성거린다

메마른 여린 팔
핏줄이라는 이름으로 조롱박 되어
매달려 있던 무거운 돌들

절망에서 희망이 되기를 하늘에 빌었는가
밥이 되어 어린 뱃속을 채워주시던 밥 손

다 자란 머릿속이 고동치며 기억 한다

뽀얀 피부에 찰랑거리는 두 개의
봉오리는 갓 피어난 흰 수선화였다
그것은 여자였음을,
뜨겁게 살아가기를 침묵하던 몸짓은
향기로운 꽃내음이 묻어있음을,

어머니를 먹고 자란 나는
그 손이 되지 못하고

아프게, 아프게 죄를 짓는다

쏟아지다

발밑을 허우적댄다 검은 실뱀들이 수없이 흔들거린다
발가락 사이로 파고들어 종아리를 물어뜯는다
숨을 쉴 수가 없다
아버지가 일어선다 붉은 흙을 뚫고 천천히 긴장한다
검은 건반이 고양이 울음소리로 변하기 시작한다
새가 되어 기어오르다
펄쩍 뛰어 오른다
   난다   날다
    난다   날다
     날자 날자
양복이 줄을 선다
바지가 헐렁거리고 푸른치마 저고리 바람이 된다
세 마포에 싸인 미이라가 움직이기 시작한다
내 발가락을 간지른다 간지러워,
간지러워.

비가 오는 날에는 물고기가 꿈을 꾼다
어항에서 벗어난 작고 못생긴 생물이 바다 속으로 걸어간다
아가미가 달린 누런 개가 뻐끔거리며 하품을 한다
물고기가 컹컹 짖어댄다
개의 비늘이 번쩍거린다

나는 눈이 아파서 작은 물고기를 볼 수가 없다
손가락 사이로 빠르게 빠져 나간다

책들이 얼굴을 붉히며 가지런히 앉아있다
니이체가 말한다 神은 없다고 없는 神이 거꾸로 매달려 있다
펼쳐진 책 사이로 가 갸 거 겨가 보이고 숫자가 물음표를 한다
누렇게 뜬 풀들이 눕기 시작한다

빛이 없어 장님이 된 나는 컴컴한 방안을 구르기 시작한다
꿈을 꾼다 또다시 검은 실뱀들이 수없이 뚫린 구멍 속에서
쏟아진다

아들아, 사랑하는 아들아
- 아들에게 보내는 편지

아들아
아무런 기별도 없이
네가 떠나간 후
밤마다 귓전에 아스라이
사운대는 파도 소리가
네 목소리인 줄 알았다

온기 사라진
너의 흔적을 온몸으로 견디며
상처 입은 짐승처럼
절규하며 몸부림치던
상심의 나날들

네가 못내 그리워
가슴 저리는 날에는
바닷가에 나가 처연히 노래 부르고

네가 없어
삶이 무의미해지는 날에는
분심을 누르며 간절히 기도한다

사람들은 그러한 나를 위로하려 하지만
네가 꿈꾸던 세상의 문을
채 열기도 전에 시간이 멈춰버린,
너의 보이지 않는 아픔이
더욱 깊을 것이므로

더 많이 위로 받아야할 사람은
지금 바다 앞에 서 있는 내가 아니라
네가 가꾸어야 할 꽃밭에서
가녀린 봉오리로 허망하게 져
맨 처음으로 돌아간 너일 것이다

너를 생각하면
매화가 핀들 여염하겠느냐
새가 노래한들 발걸음이 가벼워지겠느냐
내 슬픔 너머에서
어미의 고통을 바라보며
혹여 네가 더 슬퍼하지 않을까 심히 저어하다

내가 비록 욥보다 못하여도
공중을 나는 새와 이름 모를 들꽃까지
돌보시는 하느님이
눈물의 골짜기에
나를 그냥 놓아두지는 않으실 것이나

아직은
너 떠난 빈자리를 서성이며
가슴 아린 슬픔에 기대고
주님의 자비에 기대어 마음을 추스른다

이제는 머언 하늘가
고운 별이 되었을 너

꿈속에서도
꿈밖에서도 보이는 아들아
어미가 보고 싶거든
언제라도 잠든 바다 위로
네 마음의 등불을 밝혀 보거라
제아무리 꺼질 듯 희미하더라도
나는 너를 알아볼 수 있으려니

목련꽃 하늘거리는
봄이 오면
나 또한 짓무른 눈물을 꽃바람에 묻고
네 그림자처럼
내 영혼에 짙게 드리운
그리움으로 너를 찾게 될 것이다

아들아
사랑하는 아들아

| 제4부 |

가을이 오는 소리

편지

오래 된 책장 정리하다
빛바랜 낙엽 같은 편지 한 장

삼십 년도 훨씬 지난
아버지의 친필 편지
혈압으로 쓰러진 후 떨리는 손으로
삐뚤삐뚤 쓴 유서된 두 줄 글

"왜 이다지 연락이 안 되냐
 온통 니 걱정이다"

누렇게 뜬 종이 한 장
아버지 마음 되어
여울물 소리로 울고 있다

사랑하는 이들이 사는 곳에
보낼 수 없는 답지

거실 한 쪽 붉은 목단
아버지 되어 웃고 있다

평화가 보이시나요

네 땅, 내 땅 줄 그은 철조망
새들도 가로 막혀
하늘 문 두드린다

울렁이는 쉼표들의 거대한 숨소리
움직이지 마세요
꽃 같은 아비들의 상처

신神을 향한 칼, 칼
평화가 보이시나요

누가 연탄의 향내가 독하다고 했던가

그의 입에서 나는 독한 향기는
전 생애生涯 동안 풍기던 소리 없는 열망
그래도 한 마디 항변하지 않음은
말없이 쓰러져 가는 붉은 비명을 들었기 때문이다

내 입에서 나는 향기 없는 가시는
얼마나 많은 연약한 꽃을 찔렀을까

삐뚤어진 마음에서 뿜어대던
뱀의 혓바닥 같은 독설毒舌
푸른 나뭇잎이 흩어진다
황폐해진 잃어버린 입, 입

혀가,
혀가 말랑해질 때까지 神에게 자복自服한다
주름살이 켜켜이 환하게 빛날 때까지

누가 연탄의 향내가 독하다고 했던가

가을이 오는 소리

귀가 순해지는 나이가 되면
눈도 귀도, 부처가 되어가고
영혼의 자루에 담긴 타오르던 가슴
울음도 서도창을 닮아간다

폭염에 물들던 날
인사도 없이 이승을 떠난 언니, 고요하다
생生의 가을이 다가와서야
'사랑한다' 말 한마디 못한 수줍은 입술
왜, 우리는 서로에게 그리움이 되지 못했을까

추억으로 환해진 가난한 시인
자유로운 영혼을 노래한다

가을이 오는 소리,
산 메아리 되어
흥건히 가슴바닥 적시고

혓바닥 길게 늘어뜨린 노을이
산자락 핥을 때마다 허공가득
붉은 함성 쏟아져 내린다

'내 꽃이 되어 주세요' 라고 하면

꽃이 좋아서 빨강 꽃을 심었어요
그 해는 얼굴이 발갛게 부풀어 올랐어요
빨간 꽃만큼 사랑을 열심히 하려고 했지요
물을 주고 잘 썩힌 깻묵 한 거름 주면서
사랑은 족쇄라며 나를 가두더군요

다음해에는 노랑꽃을 심었어요
하늘에서 내리는 비를 마음껏 맞아가며
노랗게 물을 들였어요
노란붓꽃이 초록이 물든 작은 물가를 향해 달려 가더라구요
늙어버린 내 발로는 쫓아갈 수가 없었지요
마음을 물병에 담아 한 송이 겨우 꽂았어요
목이 긴 꽃병이 슬퍼 보이더군요

그 다음해에는 하늘색 꽃을 심었어요
하늘만 바라보다가 머리만 커 졌지요
힘겹게 여기저기 부딪치기 시작 했어요
몸통은 없어지고 머리만 자꾸 커지더군요
'내 꽃이 되어 주세요' 라고 하면
하나씩 사라지더라구요

이제는 꽃을 키우지 않으려구요
큰 머리통으로 하늘을 보지 않으려구요
작은 가슴 바닥에 앉혀놓고 낮게 날아 보겠어요

가끔 한줄기 햇살이 다가와서 다행이더군요

이별

너무 짖어댄다고 화통 같은 말을 쏟아내는 옆집남자
펄펄 뛰는 생명 어찌 할 줄 몰라
배 밭 지키는 지킴이로 보낸 누렁이
상처 난 그리움에 풀 죽어, 묶인 줄에 목 매인 채
검은 혼魂이 되었다
암내 한번 맛보지 못한 성난 성기는 늘어져
배 밭 밑에 묻히고 상심한 나는 애꿎은
달을 보고 눈을 흘긴다

쏟아지는 밤비에 놀라
전화소리도 불투명 했던 날
여보세요! 무슨 그런 농담을...
생의 지평선이 무너진다
파란 많은 삶의 심장이 파열되고 삼십 삼년 자궁에서 꿈틀대던
또 다른 몸체, 번데기처럼 딱딱해져 허물어진다
나의 눈은 죽음에 불타오르고
탯줄로부터 떨어져 나간 온기 없는 흰 꽃
푸른 비속으로 헤엄쳐 흩어진다
욕지거리 쏟아내는 마른 가슴,
옹이 되어 길바닥에 내동댕이 쳐진다

큰 바윗돌 가슴에 매단
예순의 예순이 되어버린 나
텅 빈 하늘, 눈먼 바라기 되었다

처음이다

독한 년이라고 했다
소낙비처럼 내리치는 회초리에도
그녀는 눈물을 흘리지 않았다

어머니 묻힌 무덤가
몇 개의 잔디에 헝클어진 쑥들이 휘두르고
魂이 빠져나가는 소리
검은 새 날개짓 소리에 묻혀도
그녀는 울지 않았다

슬픔이 뼈들의 탑으로 쌓이는 동안
거미줄에 칭칭 동여맨 미이라
흙속에 갇혀 괴상한 소리를 낸다

그녀의 절망이 끝나는 날
한 세계의 눈물을 쏟아낸다

처음이다

존재마저 잊혀진 生은 냄새도 없다

유기견이 낳은 새끼, 황금이
어미가 똥을 누면
재빨리 받아 먹는다

그것이 엄마와 이어주는
끈이라고 생각하나 보다
냄새난다고 야단치지만
사람만 하겠는가

서로의 입을 핥아주는 사랑은
냄새도 무관하다
낮은 곳으로 임하는 마음을 아나 보다

돌아갈 수 없는 길에
존재마저 잊혀진 生은 냄새도 없다

친구라는 이름

칠십이 다 되어가는 나이에
딸내미 산바라지, 구십 넘으신 시어머니 병수발, 가르치는 학생까지

찬란한 어지러움이라고 했다

화장기 없는 얼굴
가벼운 신발
흔들리는 옷차림
가위질로 오려내듯 잘라낸 수박을 들고
아직도 예쁜 눈웃음이 뽀얗게 다가온다

하소연하듯 늘어놓는 허무의 실체는
아름다움을 품은 보랏빛 수국
예술과 인생이 버무러지듯 흐드러지게 핀다

내 슬픔을 자기 등에 지고 가는 친구라는 이름
허물없이 차 한잔 마시며
책장 넘기듯 속절없는 말이 이어지고
다음 날이면 잊어버릴 언어라도
서로에게 등이 되는 친구라는 사람

걸림 없는 그런 사람
너는 나에게
나는 너에게

낮달

하늘 그물에 걸린
노란 꽃잎이 희망처럼 달려 있다
죽을 때까지 한 가지 길만 바라보며
걸어가고픈 빛나는 순례자
그림자였을까
마음을 다 털려버린 나는
메마른 빈 수수깡 되어 부끄러운 알몸이 되었는데
창백한 낮달
세상을 내려다보며 빛을 모으고 있다
한낮의 고행으로
헌신적인 사랑을 조탁彫琢하고 있는 낮달
영혼의 아린 그리움이다

봉숭아

육 개월의 불같은 사랑
몸부림치며 그리움 토해내는
아픈 숨결
그런 피 토하는 사랑을 해 보았는가
핏빛처럼 물들이고
새색시 첫날밤 치러내던
초경 같은 아스라한 당신의 눈빛

손톱에 뜬 붉은 보름달
사랑은 가도 또 다시 달은 떠오르려니
봉숭아에
물
들
다.

별, 개나리꽃으로 피어나다

한밤중, 눈을 뜨는 순간
환하게 빛을 발하는 소리가 들렸지
바흐의 무반주 첼로 G장조 곡
음악이 내리는 그림자 쫓아
소리죽여 발을 내딛었어
고독한 심장은 떨림으로 가득차고
세계는 무덤처럼 고요했지
예리한 꽃잎에 찔린 내 한쪽 눈은
조각난 거품 인양 흐느적거렸어
'어디로 갔을까'
검은 도화지에 반짝이던 한 줌의 별은
무릎관절 움직이며
뻣뻣한 정승이 된 몸통
손짓하는 바람 따라 천천히 움직였지
허름한 담벼락에 무리지어 피어있는
취한 봄밤 속 노란꽃
검은 밤, 콕콕 박혀있던 별들
개나리꽃 되어 가슴에 꽂혔어

선善한 마음으로

상견례 하던 날

안개처럼 뿌옇게 지나간 날들이 스쳐가고
매화 방 2
방마다 숨 죽인 인사소리 울렁인다

며느리 될 아이의 아버지, 문지방 넘다
눈물 흘리시는데 그만,
가슴이 무너진다

사십오 년 전 꽃바구니 하나 놓고
양가 부모님 인사 자리
몇 술 밥도 못 드시던 어머니
고등어 뼈처럼 메말랐던
바람이 드나들던 가슴
속울음 훔치시던 어머니를 나는 왜 몰랐을까

걱정 마시라 목울대 삼키면서
가신님들 생각에
검은 밤 하얗게 바랠 때까지
허물을 씻어낸다

쉼표, 그리고 나의 인생찬가

평생 달리기를 하면서 살았다, 나는
지식을 먹고 불의 춤을 출 때도
파먹은 것을 토해 내고 난도질할 때도
신약성경의 남자와 미친 듯 박수를 치면서
원앙 한 짝 스러져 꽃처럼 질 때도
양팔에 매달린 꽃을 키우고, 잘라낼 때도
쉼표라는 것은
죽음의 끝에야 있는 줄 알았다
노래 한 곡을 부를 때, 두 마디마다 있는 쉼표
바이올린 켤 때도 때로는
한 마디를 또는 여러 마디를 쉴 때가 있는
쉼표도 음악이고 인생이라는 것을
귀가 순해지는 시간에
긴 머리 뿌리까지 잘라버리면서
꽃의 비늘을 벗겨버리면서
나는 쉼표의 세계에서 바스락거리기 시작했다

볏짚 같은 여자의 젖무덤은 팽팽함을 거부하고
반쯤 감긴 눈에서 흐르는 흰색 피
달리기만 했던 말의 갈기가 벗겨진다
쉼표가 거대해지면서 늘어지고
컴컴한 웃음이 웃기 시작한다
거대한 코끼리 엄숙하게 해무에 잠긴 물 위를
터벅터벅 걸어온다

새, 그리고 이방인

날 선 비수로 가슴 깊게 파고
한 마리 푸른 새 묻던 날
아브락시스 비늘은 떨어지고
갈매기 날갯죽지 찢어진다
파도가 웅웅거리는 날, 허옇게 거품 물고
검은 눈동자 번뜩이며 휘파람을
거대하게 불어댄다

낯선 짐승으로 부화된 모난 새끼
알에서 깬 날 절망 한다
더러워진 발톱을 뜯으며
애비의 재미없는 정사를
음험하게 털어낸다

터져 나오는 방언 같은 기침소리
꽃처럼 피어나는 순백의 선혈
사색이 된 도화지에
찍어내는 마침표

평생 쌓인 한恨이
황금빛 관 되어 돌아오는 날
용기 있는 그대여
죽음이 이빨 드러내며 껄껄 웃는다.

*아브락시스: 헬레니즘 시대에 최고의 신을 지칭하는 명칭

시간, 그리고 두근거림

어느 순간, 지금의 내가 나일까 의심한다

아득한 어린 시절, 어머니 손수건 눈물 흘리고
가슴 뛰게 하던 것들의 상념
머리카락 자라듯 잠에서 깨어난 욕망이
슬프게 어린 젖가슴을 어루만진다

퀴퀴한 책장을 넘길 때마다
목안으로 기어드는 나프탈린 냄새
살아서 꿈틀거리는 숫자 허공을 날고
자음과 모음이 뒤섞여 그물망 같은 옷감 만들어 낸다
그 속으로 내가 들어가고 천천히 바래진다

연분홍 여인의 꿈속에서 삐죽이 동여맨 허리 살
닳고 닳은 원앙의 허름한 시절
시간의 흐름에 내가 있었는지 안개처럼 뿌옇다

삶이 무거워지는 육순六旬이라는 껍데기
새로운 것도 새로울 것도 없는 느슨한 향기
바람도 냉정한 겨울문턱에
두근거릴 가슴이 남아 있을까

방황하는 빗방울의 유희
벗어버린 붉은 장화가 고민한다
기억할수록 아픈 다섯 개의 손가락
유연함을 넘어서 부채살처럼 구부러진다
갓난아기로 돌아가는 꿈 꾸며
늘어선 계단 하나, 둘 세기 시작한다
그곳엔 또 다른 방이 있다

지금도 나는 내가, 나일까 의심한다.

나, 그리고 모차르트

울리지 않는 종을
울게 하려고
내 세포는 하나씩 타인의 먹이가 되었다

은은함을 가장한 우울이
*밤의 여왕 되어 신경세포를 갉아 먹는다

어릿광대의 머릿속- 끊임없이 흐르는 멜로디
시냇물처럼 때로는 폭포처럼

몸피는 줄고 우주가 되는 내면
악보의 세계가 열린다

채울 수 없는 공허
현란한 죽음의 춤

눈먼 神과 검은 사제의 입맞춤
미지의 노래는 미완성 레퀴엠으로 완성된다

천둥소리 대문 때리고 들어오고
종소리 울리는 자유로운 영혼

비가 내린다
나의 거실은 온갖 종들로 가득차고
벽들이 껄껄 거린다

모차르트, 나의 연인이여!

*밤의 여왕 : 모차르트 오페라 "마술의 피리"중 나오는 아리아

새 소리에 시계는 잠을 깨고
-2014년 4월, 세월호에 희생된 어린 생명을 추모하며

해부된 숫자판에 일그러진 시계
거짓이 난무한 도시를 암묵하듯
가까스로 움켜진 세월은
빠르게 계절을 변모 시킨다
겨울, 가을, 여름, 봄, 그리고 사월

하늘도 울고 간 통곡의 바다 세월호
수백 송이의 꽃봉오리 잠이든 진도 팽목항
기다림의 노란 리본만이 물결치고 있다

그것은 새가 우는 것을
모른 척했기 때문이다
혼돈이 가져온 달콤한 눈은 세 개쯤 열고
귀는 다섯 개쯤 닫혀있어
보름달과 초승달의 묵상을
공허함으로 돌렸기 때문이다

우리는 잃어버린 어린 새들의 울음소리를,
새벽이 오는 흔들림을,
침묵의 묵시록을,
가슴으로 느끼고 피부로 견뎌야 한다

절망의 땅에서
깃털이 퍼덕이는 어린 천사들의 소리를
욕망의 끝에서
꽃이 열리는 세계를 들어야 한다

먼 산,
희뿌연 젖은 손 대지 위에 내릴 때
비로소 새는 울기 시작하고
시계는 잠을 깬다

푸른 눈의 실뱀이 그 속에 살고 있다

몇 가닥 실금이 나 있는 옹기항아리
실뱀이 푸른 눈 쏟아내며
물 한 방울 흘러내릴까
새 길 내어 그 속에 숨어 있다

한때 다정한 산비둘기처럼
산 목련꽃 냄새 그리워하며
향기로울 때가 있었지
검은 어리석음이 아픈 짐승 되어
내 심장에 비수를 꽂고
슬픔의 껍데기 되어버린 가슴
메말라버린 울음

덩그러니 장독대에 걸터앉은
넝쿨이 자라는 금이 간 옹기항아리
바람의 냄새 맡고
비에 몸 씻고
흰 눈으로 화장하는
상처 난 실금 들킬 세라

푸른 눈의 실뱀이 그 속에 살고 있다

사랑이 머문 그 자리에 내 꽃도 피리니

숲의 가슴에 연둣빛이 수채화처럼 번집니다
그것은 절망과 아픔을 이겨낸 생명의 선한 빛깔이지요
어쩌면 그토록 슬프디 슬픈 연한 모습으로 어두운 숲의 문을
열게 했을까요
고단한 하루,
꽃진 자리에서 꽃보다 고운 연둣빛으로 위로를 받습니다
쉼 없이 달려가는 세월,
저만치 봄날은 가고 훌쩍 가버린 청춘의 빈자리
망각의 늪을 빠져나와 핀 멸종위기의 별꽃이 있습니다

서성이는 아픈 별의 빛깔과 연둣빛이 함께 어우러져 차분해
지는 오월입니다
오월이면
이제는 별이 되어버린 작은 아들이
꿈속에서 바람 되어 어두운 창문을 밤새 두드리곤 합니다
그래도 살아내야 할 이 자리
사랑이 머문 그 자리에 내 꽃도 피리니!

| 시집 해설 |

시 속의 음악, 음악 속의 시 세계

| 2025 난헌 김영순시인의 시집 해설 |

시 속의 음악, 음악 속의 시 세계

이 영 춘 (시인)

1. 시는 음악이고 음악은 시다

김영순 시인은 원래 음악을 전공한 음악가이다. 음악선생으로, 음악교수로 오래도록 강단에서 학생들을 가르쳤다. 이런 분이 시를 쓴다는 것은 어쩌면 당연지사로 귀결된다. 왜냐하면 시와 음악은 불가분의 관계에 있기 때문이다. 시에서 가장 중요한 세 가지 요소를 논할 때 가장 우위에 두는 것이 '음악성'이다. 이 때에 '음악성'이란 바로 시가 갖춰야 할 운율 Rhythm을 의미한다. 운율은 곧 우리의 생명체인 숨소리와도 같고 혈관을 싸고도는 피와도 같은 핵심 요소다.

아리스토텔레스는 그의 시학詩學에서 "음악과 예술(시)은 인간의 감정을 모방하고 거기에 영향력을 미치는 것이라고 했다. 그래서 아리스토텔레스는 가치 있는 음악은 우리의 감정을 카타르시스catharsis 시키는 음악만이 음악의 본질에 충실한 예술이라고 하였다. 카타르시스는 단순히 감정만을 정화시키는 것이 아니라, 이를 통해 자신을 새롭게 바라보게 하는 내적인 변화를 의미하는 것이다."라고 역설했다. 플라톤도 시와 음악의 관계를 가사(시) 없는 음악은 막연한 감정을 표현할 뿐 성격을 표현하지 못한다. 그것은 곧 '짐승의 소리'에 불과하다고 말한 바 있다.

이런 논리로 볼 때 김영순 시인처럼 음악을 전공한 사람이 시를 쓰는 것은 당연하고 자연스런 이치로 귀결된다고 하겠다. 김영순 시인은 인생을 살아오면서 겪은 아픔과 고통, 슬픔을 통하여 운문으로 된 언어와 음악이 한데 어우러진 합창가 같은 시를 이뤄내고 있다고 인식된다. 시로 된 음악, 음악으로 된 시에 김영순 시인의 정서Emotion가 고스란히 녹아 시적 경지를 이뤄내고 있기 때문이다.

 이런 까닭으로 김영순 시인의 시는 웅장한 디튀람보스(합창가), 혹은 그의 시 속에 표현된 "히브리노예들의 합창"이 "살 속을 파고들고/뭉크가 헝크러진 얼굴로 절규絶叫한다" 「(나는 노예였다)」고 노래한 것과 같이 웅장한 마력으로 독자의 눈을 휘둥그레지게 한다.

 이번 그의 제3집의 제목이 된 **「상처 난 꽃에게 희망을」** 의 앞부분을 차지하고 있는 시에는 대부분 음악적 용어나 그런 내용을 소재로 하여 주제Thema를 살려내고 있는 작품이 많다. 「레퀴엠, 생生의 끈을 놓으려는 그대」, 「나는 노예였다」, 「비-자유로부터 나를 버리는 날」 등이 그렇다. 특히 「상처 난 꽃에게 희망을」이라는 작품은 그 제목에서 암시하듯이 음악과 조화를 이루는 시로 승화되어 있어 그 울림통이 매우 크다. 그리고 또 하나 김영순 시의 특성은 시를 통하여 자아를 찾고 존재를 찾으려는 무한한 탐색의 시 세계를 구축하고 있다. 종교적 참회를 통한 기도 와 시, (「사순절, 그리고 나의 고백」)같은 시가 그것이다. 이제 그의 음악과 어울러 진 김영순의 시 세계로 들어가 감상해 보자.

1. 찬양하라, 검은 깃발
   빗방울이 눈물처럼 흐르는 곳
   갈기갈기 찢어진 사랑의 숨결
   죽음의 냄새가 진동한다
   영롱한 소프라노, 폐를 가르고
   깊은 베이스, 상처 난 짐승 되어
   마지막 종말 한숨이 된다

2. 함께 아플 수 없는
   '미안해요, 더 이상 같이 못 가겠어요'
   모차르트가 웃기 시작한다
   현란한 몸짓
   철없는 노란 별 둥근 세월 뛰어다니며
   끈적하게 불멸을 노래하지만

3. 노트르담 대성당에서 노스탈지아- 세상의 끝
   두 개의 불을 밝히려 애를 쓴다
   회색 지붕 노틀담의 등 굽은 늙은 남자
   종탑을 흔든다
   세느강은 흐르고
   장미창은 향기로운데 맡을 수 없다

4. 사랑은 어디 있었을까
   심장이 두근거리고
   나눌 수 없는 어색한 감정
   처음 만남의 떨림이 퇴색되지 않은 채
   출발의 끈은 끝이 나고-나는 무엇을 잘못하고 있는 걸까

5. 낙원 같았던 진실은 차가운 현실이 되고
   괴물 되어버린 세상, 무서운 시편
   빈 영혼이 움직이고 나는 공범자가 된다

   *'아버지, 마왕이 나를 오라고 해요'
   '아니란다. 그건 흔들리는 나뭇가지'
   '아버지, 마왕이 손짓해요'
   '나는 너를 사랑 한다 너의 아름다운 모습을'

6. 생의 끈을 놓으려는 그대
   삶에 기적이 있음을
   평화가 입을 맞춘다
   *레퀴엠 텍스트에 혼魂을 불어넣고
   날자, 날자

*슈베르트의 '마왕' 중에서
*레퀴엠: 죽은 사람의 영혼을 위로하기 위한 미사곡

— 「레퀴엠, 생生의 끈을 놓으려는 그대」 전문

 율동과 노래(음악)와 운문(시)이 한데 어우러진 디튀람보스 같은 대서사시다. 작자가 주석에서 밝힌 바와 같이 "레퀴엠은 죽은 사람의 영혼을 위로하는 미사곡"이다. 그렇다면 이 시는 죽은 한 사람의 영혼을 위하여, 혹은 그 영혼을 따라 현존한 자가 "생의 끈을 놓으려는 그대"로 환유와 대유로 승화시킨 시다. 시상이 매우 웅장하고 고고한 비장미를 지니고 있어 그 처연悽然함이 가슴을 서늘케 한다. 시적 화자

persona와 모티브가 되고 있는 주체는 "모차르트, 노틀담의 등 굽은 남자" 그리고 제목에서 암시된 "생의 끈을 놓으려는 그대" 즉 "나(내)"가 레퀴엠과의 합일체를 이뤄내는 시상으로 전개된다. 그러므로 이 시는 인간의 근원적 혹은 원초적인 비극적 상황을 고도한 상상력으로 그 영감과 영혼의 합일체의 경지를 그려내고 있는 작품으로 공감과 함께 심오한 경지를 동반한다.

 우리 인간은 이렇게 살아서도 늘 죽음의 그늘을 기웃거리며 사는 것이 인생사가 아닐까? 내 살아 있음의 숨소리를 되돌아보면서 사는 것이 인생이 아닐까? 많은 질문을 동반한 시詩로 고고한 비장미와 함께 시적 영감의 경지를 잘 살려낸 역작으로 평가받을 만하다.

꽃도 아프다
꽃도 상처 받는다
깊게 물든 노을에 얼굴을 붉힌다
마지막 고백을 한 잎들이 기억을 훔치고
몇 개의 바람에 멍든 밤, 꽃잎 한 개 떨궈낸다
낙화된 꽃은 별이 된다
하늘에 수많은 별꽃이 길을 내곤 한다
아파도 아프다 소리 한 마디 없는 그녀에게
모차르트*를 처방했다

*모차르트: '음악의 신'이라 불리운 서양고전음악가

— 「상처 난 꽃에게 모차르트를 처방했다」 전문

이 시의 주체는 '꽃'이다. 꽃은 곧 '그녀'로 은유된다. '그녀'는 곧 작가자신이다. 자신을 '꽃'으로 상징화 한 것이다. 그 꽃은 "아프고 상처받고 바람에 멍들고" 그리고 끝내 "꽃잎 한 개 떨궈 낸다/낙화된 꽃은 별이 된다" 그 꽃잎은 다시 "하늘에 수많은 별꽃이 되어 길을 내곤 한다" 작자의 그 어떤 마음의 아픔을 '상처 난 꽃'을 상징하여 점층적으로 승화시켜 낸 수작秀作이다. 이 '꽃'은 곧 작자의 어떤 내면의 '상처'를 함의한 은유적 표현이다. 상처가 곧 꽃이 되고 별이 되었다는 시적 상승 작용의 심상이다. "아파도 아프다 소리 한 마디 없는 그녀, 꽃에게" "모차르트를 처방했다"고 활유법과 의인화 기법으로 생명력을 불어넣고 있다. 이렇게 인생이, 마음이, 아픈 작자는 모차르트의 음악을 들음으로써 위로와 위무로 아픈 인생을 처방받아 치유하고 있다는 기발한 발상으로 승화시킨 작품이다.

2. 자성의 시, 기도의 시

시의 효용성을 논할 때 공자는 우선 인간의 인간다움을 가르치는 교훈적 덕성과 덕목을 목표로 했다. "시 삼백 편이면 생각함에 있어서 간사하고 그릇됨이 없다"(子曰 詩三百 一言而蔽之 曰思無邪)가 그것이다. 시는 이렇게 인간의 인성을 순화하고 정화하는 기능을 부여한다. 우리는 시를 쓰는 순간, 혹은 시를 생각하는 동안 자신을 되돌아보면서 자신을 관조하게 된다. 그래서 시는 인간의 덕성을 기르는 준거가 되는 것이라고 논한다.

김영순 시인도 여지없이 시를 통하여 자아를 반성하고 순화하고 기도하는 자세가 곳곳에서 그 순결성을 드러내고 있다. 「나는 노예였다」라는 작품과 「사순절, 그리고 나의 고백」이란 작품을 통하여 그의 인간적 순화의 내면을 들여다 보자.

죄인 된 나는 노예로 태어났다
당근과 채찍이 표정을 잃게 한다
존재하는 당신의 사과 한 쪽 훔쳐 먹은
차가운 손
얼음에 베인 심장 되어 한 생을 살벌하게,
가슴 속 피 토하며
침묵을 감내한 채 노래한다
'히브리노예들의 합창'이 살 속을 파고들고
뭉크가 헝클어진 얼굴로 절규絶따한다

일찍 지아비 잃어버린 복 없는 년 되어
삶이라는 중력에서 떨어지지 않으려
존재하지 않는 존재하는 자로 산다
시무룩하게,
상실된 잃어버린 존재
울음을 꾹꾹 눌러 다음 生에 드리지 마라
내 어머니의 어머니가 노예였듯이
천형처럼 떨쳐 버릴 수 없다

— 「나는 노예였다」 1-2연

「나는 노예였다」라는 제목만으로도 감동적인 작품이다. 우리 인간은 사회라는 국가라는 범주 안에서는 누구나 거기에 소속된 노예다. 그러므로 인간은 인생의 노예, 신의 노예로 산다. 인간이 지켜야 할 준거와 인간 양식의 규범과 질서 속에서 그 규범을 지키면서 살아야 하기 때문에 인간은 어딘가에 소속된 노예다. 이 시의 끝 부분에서 "나는 누렁이의 노예가 되고/그러므로 누렁이는 나의 주인이 된다"와 같은 이치다. 이 시에서 작자가 말하고자 하는 주제도 이와 동일하다. 그러나 이 시의 핵심 포인트는 "존재하는 당신의 사과 한 쪽 훔쳐 먹은"이라는 시행에서 암시하듯 원죄 의식을 사유한 시다. 그러므로 깊고 높은 신앙적 자아성찰의 자세가 기도하듯 순화되어 있는 미학적 작품이다. 그리고 2연에서는 "일찍 지아비 잃어버린 복 없는 년 되어/삶이라는 중력에서 떨어지지 않으려/존재하지 않는 존재하는 자로 산다"라고 고백하듯 사실적인 어법으로 자신의 존재가치를 부정하듯 반성한다. 이런 자성은 신 앞에서 고백할 수 있는 처연한 영혼의 한 울림이 전율적으로 다가온다.

미친 중세시대에 나는 피조물임을 깨달았을까
의식이 세계를 향유하며
보들레르의 악의 꽃
검은 우비 속에 가두고
우울한 하늘 손가락질하며 빈정거린다

*주님의 수난을 함께 나눌 마음을 주시어
언제나 주님을 사랑하게 하시며

혹시라도 영원히 주님을 떠날 불행이 저희에게 닥칠 양이면
차라리 지금 주님과 함께 죽을 행복을 내려주소서

바흐의 오르간 곡을 사랑했지
간격과 간격 사이 음표는 정렬되고
저 긴 음률
당신의 이름은 무엇인가요
사랑이란 소리 없는 외침이 기어 다닌다
기억할 수 없어
너의 맨드라운 피부의 결-그것은 神의 거친 숨소리

*캐톨릭기도문, 십자가의 길 중 12처 차용

— 「사순절, 그리고 나의 고백」 1연-3연

「사순절, 그리고 나의 고백」도 제목에서 암시하는 대로 신앙을 테마로 한 참회의 시다. 절대자를 향한, 신앙심의 고고한 경지를 향한 작품으로 미사 올리듯, 아름다운 영혼을 찬양하듯 숙연해 지는 경지다. 부활의 대축일 전 사십 일 동안의 기간을 뜻하는 '사순절'은 이 기간 동안 교인들은 그리스도의 수난을 기억하면서 단식 등의 절제된 생활을 한다. 2연에서 인용문으로 쓴 주석과 같이 "*캐톨릭 기도문인 십자가의 길 중 12처를 차용"한 것이다. 시 속에 기도문 한 단락을 차용한 것만 보아도 김영순 시인의 깊은 신앙심을 엿볼 수 있는 대목이다.

'사순절'을 맞아 화자persona는 신앙에 대한 "나의 고백"을 한다. 신앙에 대한 고백은 자아에 대한 반성이고 신을 향한

회개다. 그리고 3연에서 음악의 아버지라고 하는 "바흐의 오르간 곡을 사랑했지"라고 화자는 지고한 신의 경지와 뮤즈의 경지를 매치시킨다. 그 이유는 무엇일까? 신의 영역과 뮤즈의 영역은 '영적 세계와 맞닿아 있다는 뜻일 것이다.

일찍이 보르헤스는 "그들(시인)은 영혼이 그에게 내려왔다고 느낀다. 그래서 아무도 그와 말하지 않으며 그를 쳐다보지도 않는다. 심지어 시인의 어머니조차도 그를 쳐다보지 못한다. 이제 그는 사람이 아니라 신이며 따라서 어떤 것이라도 그(시인)를 죽일 수 없다." 라고 역설한다. 신과 예술, 뮤즈의 경지를 신과 동일 선상으로 보는 것이다. 폴 발레리도 "시의 첫 행은 신이 주신 것이다."라고 역설했다. 그러므로 시는 영적, 신적 세계에 맞닿아 있다고 하겠다. 시에서 영적인 세계, 신神적인 세계란 곧 '직관' '영감'을 뜻한다. 시인은 이 영감으로 한 편의 시를 창조해 내고 하나의 우주를 창조해 낸다.

특히 이 시 「사순절, 그리고 나의 고백」의 3연에서는 시적 영감의 세계, 상상의 세계가 참으로 아름답게 승화되어 있다. "바흐의 오르간 곡을 사랑했지/간격과 간격 사이 음표는 정렬되고/저 긴 음률, 당신의 이름은 무엇인가요/사랑이란 소리 없는 외침이 기어 다닌다/기억할 수 없어/너의 맨드라운 피부의 결-그것은 神의 거친 숨소리"가 그것이다. "저 긴 음률"은 마치 화자가 회개하듯 "긴 울음소리"로 매치되기도 한다.

이와 같이 김영순 시인은 음악을 전공한 사람답게 음악을 매개로 하여 그의 사상인 시의 주제thema를 살려낸 작품이 많다. "모차르트, 나의 연인이여!"(「나, 그리고 모차르트」) 라고 외치기도 하고 "눈물처럼 내리는 가을비-적막함과/목마름으로, 천천히/Largo와 Adagio로 온몸을 맡기며/그 속으로 들어간다"(「비, 자유로부터 나를 버리는 날」)라고 속삭이듯 노래한다. '눈물'을 '비'로 은유하여 화자의 처연한 심상을 라르고와 아다지오로 천천히 가여리게 내리는 '빗물'같은 심상으로 그려내고 있다. 시 정신의 비장미悲壯美가 느껴지는 일품의 작품이다.

3. 문학은 인생 이야기다

 예전 우리 어머니들은 "내 살아온 이야기를 쓰면 소설 책 열 권을 쓰고도 모자란다."라는 말로 인생의 고달픔과 아픔을 우회적으로 비유하여 말하기도 했다. 이 아픔 중에서도 가장 큰 아픔은 부모보다 자식이 먼저 저 세상으로 가는 일이다. 이런 아픔에서 유래된 말을 상명지통喪明之痛이니 참척지변慘慽之變이라 한다. 상명지통은喪明之痛은 눈이 멀 정도로 슬프다는 뜻으로 아들이 죽은 슬픔을 비유적으로 이르는 말이다. 옛날 중국의 자하子夏는 아들을 잃고 너무 슬피 운 끝에 눈이 멀었다는 뜻에서 유래된 말이다.
 자하子夏와 같이 김영순 시인은 몇 년 전에 큰 슬픔을 당한 적이 있다. 교통사고로 다 성장한 아들을 잃은 것이다. 이런 참척慘慽! 상명지통喪明之痛이라니! 실제로 김영순 시인은 그 당시 눈이 멀어질 지경이 되어 지금까지도 안과 치료를 받고 있다고 한다. 듣기만 해도 가슴이 무너진다. 그 아픔을 쓴 것이 「아들아, 사랑하는 아들아」란 작품과 「사랑이 머문 그 자리에 내 꽃도 피리니」와 같은 작품이다. 백 편을 쓰고 천 편을 쓴들 작자의 가슴 속에 맺힌 그 한恨을 어떻게 다 삭혀낼 수 있으랴!? 정말 상명지통喪明之痛! 참척지변慘慽之變이다.

아들아/아무런 기별도 없이/네가 떠나간 후/밤마다 귓전에 아스라이/사운대는 파도 소리가/
내 목소리인 줄 알았다//온기 사라진/너의 흔적을 온몸으로 견디며/
상처 입은 짐승처럼/
절규하며/몸부림치던/상심의 나날들//

— 「아들아, 사랑하는 아들아」 1-2연

내가 비록 욥보다 못하여도/공중을 나는 새와 이름 모를 들꽃까지/
돌보시는 하느님이/
눈물의 골짜기에/나를 그냥 놓아두지는 않으실 것이니//아직은 너 떠난 빈자리를 서성이며/
가슴 아린 슬픔에 기대고/주님의 자비에 기대어 마음을 추스른다//
이제 먼 하늘 가/고운 별이
되었을 너// 꿈속에서도/꿈 밖에서도 보이는 아들아/(중략)

— 「아들아, 사랑하는 아들아」 8-10연 부분

이 '상명지탄'의 심정을 무엇으로 대변할 수 있을까? "상처 입은 짐승처럼/절규하며 몸부림치던" 그의 아픔과 슬픔에 전

율이 인다. 실제로 이 글을 쓰는 필자도 사뭇 목이 메어 자제력을 유지하려고 애쓰면서 이 대목을 쓴다. 왜냐하면 우리 어머니도 두 아들을 어머니보다 먼저 저 세상으로 보내고 매일매일 울며 지내시던 그 통한을 보았기 때문이다. 동병상련의 슬픔, 위로할 말조차 아득하기만 하다. 이런 통한을 쓴 또 다른 작품에서 작자는 또 이렇게 술회하고 있다.

서성이는 아픈 별의 빛깔과 연둣빛이 함께 어우러져 차분해지는 오월입니다
오월이면/이제는 별이 되어버린 작은 아들이/꿈속에서 바람 되어 내 어두운
창문을 밤새 두드리곤 합니다/그래도 살아내야 할 이 자리/사랑이 머문 그 자리에
내 꽃도 피리니!

― 「사랑이 머문 그 자리에 내 꽃도 피리니」 2연

 김영순 시인의 아들은 오월에 태어 났다고 한다. "오월이면/이제는 별이 되어버린 작은 아들이/꿈속에서 바람이 되어 내 어두운 창문을 밤새 두드리곤 합니다"라고 엄마의 그 애통한 심정을 표출하고 있다. 김영순의 '상명지탄'이 문풍지를 흔들 듯 그 아픔의 절정을 "사랑이 머문 그 자리"라고 시적 승화를 이뤄내고 있다. 그리고 "그 자리에 내 꽃도 피리니!"라며 상처의 자리를 '꽃'으로 승화시켜 그 심상心傷에 평정을 찾으려 몸부림 치고 있다.
 아, 문학의 힘, 시 쓰기의 힘, 그 힘은 아마 이렇게 나약한 우리들의 '아픔'을 대변하기 위해 존재하는 장르Genre가 아닐까 상상해 본다. 「불안함은 상처로 남는다」란 작품에서도 여전히 김 시인의 '아픔'은 상승곡선으로 표출되고 있다.

세계에서 밀려날까 두려워한다 세계는 관계와 관계가 허물어질 때 깨져 버린다//
폐는 각혈을 하고 채울 수 없는 공허함에 사랑한다고 말한다//
사랑이 사랑이 아닐 때 자살을 꿈 꾼다//
바보라고 수줍은 듯 고백 한다/상처 입은 여인이 갑옷을 입는다//
비늘처럼 돋아난 갑옷은 여린 상처를 갈갈이 찢어버린다//
불안함은 상처로 남는다

— 「불안함은 상처로 남는다」 끝 부분

 이 시 역시 인간의 근원적인 존재에 대한 '관계' 혹은 '아픔, 상처'를 쓴 시다. 존재는 사회의 관계망 속에서 이뤄진다. 카프카는 그의 유고 「아포리즘」에서 이렇게 쓰고 있다. "존재한다는 것은 '거기에 존재 한다'는 것과 동시에 '거기에 속 한다'는 것을 의미한다고. 요컨대 인간 존재는 세계 안에 존재하는 것이 아니고, 세계에 소속되는 것을 의미하는 것"이라고 역설한다. 카프카의 이 말을 제시하는 것은 김영순 시의 「불안함은 상처로 남는다」라는 이 시는 곧 사회적인 관계망을 뜻하는 소속의 존재감과 미소속의 불안감을 암시하고 있기 때문이다.
 우리 인간은 살면서 때때로 소외감을 느낄 때가 많다. 그 소외감에서 좌절할 때도 있고 반대로 용기를 북돋워 세울 때도 있다. "세계에서 밀려날까 두려워 한다 세계는 관계와 관계가 허물어질 때 깨져 버린다"고 김영순 시인은 그 관계망 혹은 소속된 존재 망網에서의 심리를 그려내고 있다. 그리고 "사랑이 사랑이 아닐 때 자살을 꿈 꾼다"는 것이다. 그것은 곧 진정한 인간적 교류가 아니거나 교감이 아닐 때, 즉 어떤 소속에서 버림을 받았을 때 '자살'까지 생각하게 된다는 인간의 심리를 예리하게 묘사해 낸 것으로 인식된다.

김영순은 「홀로서기」란 시에서도 아들의 어린 시절, 제대로 돌 봐 주지 못한 아픔을 회상하며 그 안쓰러움과 아들이 어떤 소속감에서 동떨어졌을 것 같은 심정을 우회적으로 술회하고 있다. "내 아이/초등학교 소풍 가는 날/운동회 날/아버지 day/비가 쏟아져도 우산 한 번 가져다주지 못한 날들/그럴수록 강해져야 한다고 아이를 다그쳤지만/마른 몸짓/기억은 눈물이 된다"고 후회와 함께 그 아픔의 심회를 진술한다. 자식을 키워 본 부모라면 누구나 자식들에 대한 이런 아픔과 후회할 일들이 많이 있을 것이다. 그런데 그것은 사랑과 관심이 없어서가 아니라 여성의 경우, 직장 때문이었다. 예전 직장 여성들은 엄격한 규율 속에서 담 너머에 집과 아이를 두고도 나갈 수 없는 규제 속에서 살았다. "아이들 걱정하려면 직장을 그만 두라"는 그런 사회적 분위기와 규제 속에서 많은 여성들은 직장을 그만 둬야할 지경이었다. 이런 제도와 분위기 속에서 아이들에 대한 엄마의 역할과 사랑까지 억제되었던 것, 그것이 현실이었다.

이런 현실이 1985년 호주제 폐지가 된 이후 여성의 인권이란 것이 차츰 살아나기 시작하여 오늘에 이르렀다. 아무튼 아이들은 오로지 부모의 보살핌과 '사랑'을 먹고 자란다는 사실이다. 그럼에도 그렇지 못했던 사회적 제도 속에서 또한 근간에는 부모의 이혼으로부터 버림받는 아이들이 너무나 많다고 한다. 일찍이 영국의 교육학자 닐Nill은 "문제 부모는 있어도 문제아는 없다."라는 말은 우리 부모들에게 경종을 울리는 덕목으로 우리가 깊이 깨달아야 할 일침이다.,

4. 성불이 된 파도의 맨발

'사랑'은 모든 문학이 도달해야 할 최고의 도착지이다. 어떠한 형태로든 '사랑'은 문학의 숨통이고 숨소리이다. 2024년 노벨문학상 수상작가 한강이 여덟 살 때 일기장에 썼던 「빛과 실」을 찾아낸다. "사랑이란 어디에 있을까? 팔딱 팔딱 뛰는 나의 가슴 속에 있지. 사랑이란 무엇일까? 가슴과 가슴 사이를 이어주는 금실이지." 여덟 살 아이의 이 놀라운 상상력과 발상! 가히 말문이 막힐 지경이다. 이렇게 사랑은 우리 삶과 문학에서 윤활유와 같은 메시지다.

김영순 시인의 시 속에서도 여실히 그 사랑은 등장하고 있다. 위에서 언급한 아들을 제대로 돌봐 주지 못했다고 후회하는 시도 결국 자식을 향한 '사랑'의 미사美辭다.
이제 김영순 시인의 부모를 향한 사랑의 시에 대하여 감상해 보자.

**삼십오 년 전 꽃바구니 하나 놓고
양가 부모님 인사 자리**

몇 술 밥도 못 드시던 어머니
고등어 뼈처럼 메말랐던
바람이 드나들던 가슴
속울음 훔치시던 어머니를 나는 왜 몰랐을까

걱정 마시라 목울대 삼키면서
가신님들 생각에
검은 밤 하얗게 바랠 때까지
허물을 씻어낸다

— 「상견례 하던 날」 3-4연

오래 된 책장 정리하다
빛바랜 낙엽 같은 편지 한 장//
이십 년도 훨씬 지난/아버지의 친필 편지
혈압으로 쓰러진 후 떨리는 손으로
삐뚤삐뚤 쓴 유서 된 두 줄 글//
"왜 이다지 연락이 안 되냐?
 온통 니 걱정이다"//
누렇게 뜬 종이 한 장/아버지 마음 되어/여울물 소리로 울고 있다//

— 「편지」 2-4연

 앞 부문에서 언급한 「아들아, 사랑하는 아들아」와 「사랑이 머문 그 자리에 내 꽃도 피리니」과 그리고 「불안함은 상처로 남는다」, 「홀로서기」 등의 작품은 이 세상에 부재한 자식에 대하여 발화된 애달픈 사랑의 연가다. 반면 「상견례 하던 날」과 「편지」는 돌아가신 부모님에 대한 사랑의 시다. 이렇게 김영순은 위로 아래로 목메어 자식에 대하여 통곡하고 부모님에 대하여 아파한다. 혈육지정, 인지상정이라고 하기엔 너무나 가슴 아픈 시인의 정서가 눈물을 머금게 한다. 김영순 시인의 이 고귀한 사랑의 성정을 더 이상 표현할 길 없어 막막하기만 하다. 아픔과 슬픔을 「파도」란 작품으로 승화시킨 시를 감상해 보겠다.

갈퀴를 휘날리며/무리지어 달리는 흰 말들/ 쓰러지듯이, 일어서며 또 일어서며//
거품 문 헛바닥이 헐떡이고/갈라지는 수 만 개의 혀/쪼개진 삶, 세월의 무늬//
깃털 털며 흰 꽃이 피어나고//바람꽃 소용돌이 칠 때마다/
잘 견디라고, 살아내야 한다고/외로운 손 눈물로 껴안는다//
평생을 씻고 씻어/성불이 된 파도는/ 맨발이다//

— 「파도」 1-2연, 6-7연

'파도'의 원관념은 험난한 인생살이를 상징한다. 작자의 '파도'와 같이 아팠던 일들과 아팠던 생을 이겨내려고 노력하는 심상이 심층적으로 다가온다. '파도'와 같이 아프고 굴곡진 생生을 순화하고 정화하여 "성불이 되고 맨발이 된 파도"라고 승화시켜 냄으로써 참신한 시의 경지를 이뤄낸다. 결국 '맨발'은 '아무 것도 없는 공空의 세계, 무소유의 세계'를 암시하는 심상image이다. 부처와 같은 화엄의 경지, 적멸의 경지에 이르기를 소원하고 염원하는 심상心想이 간절하고 간절하여 전율이 인다. 김영순이 얼마나 인생의 '아픔'을 잊으려 했으면 이런 경지를 상상했을까? 그 심상과 심정에 공감하지 않을 수가 없다.

5. 맺는 글

김영순 시인은 서두에서 언급한 바와 같이 시와 음악을 접목하면서 자신의 사상, 감정을 조화롭게 구사構思, 구가謳歌하고 있다. 그러므로 그의 시는 울림통이 매우 크다. 이 울림통이 곧 그의 시적 성과를 이뤄내는 극적 효과라고 할 수 있겠다. 또한 객관적인 상관물인 사물을 의미화 하고 심화하는 능력도 그의 시를 고고한 시의 경지로 격상시키고 있다.

하늘 그물에 걸린/노란 꽃잎이 희망처럼 달려 있다/죽을 때까지 한 가지 길만 바라보며/
걸어가고픈 빛나는 순례자/그림자였을까/마음을 다 털려 버린 나는/메마른 빈 수수깡 되어
부끄러운 알몸이 되었는데/창백한 낮달/세상을 내려다보며 빛을 모으고 있다/한낮의 고행으로/
헌신적인 사랑을 조탁彫琢하고 있는 낮달/영혼의 아린 그리움이다.

― 「낮달」 전문

김영순 시인의 또 다른 이상향적인 시 세계와 정신세계를 지향하고 있는 시다.

'낮달'이라는 상관물을 통하여 작자 자신의 내면성이 잘 암시되어 있다. 낮에도 드높은 하늘에 떠서 유유히 세상을 비추며 건너가는 '낮달'과 같은 사람이 되고 싶다고 고백하는 자화상이다. 또한 "죽을 때까지 한 가지 길만 바라보며 걸어가고픈 빛나는 순례자"라고 표현한 것 또한 그의 내면성의 고백이다. "한낮의 고행으로 헌신적인 사랑을 조탁하고 있는 낮달"이 "영혼의 아린 그리움이다"라고 진술한 것은 신을 향한 그의 숭고한 정신 세계를 향한 표출일 것이다. 그것은 곧 그의 심원한 신앙의 세계, 이상 세계에 대한 동경이 아닐까? 화자의 내면에 깊게 잠재 되어 있는 신을 향한 고결한 정신 세계를 지향하는 이상향일 것이다.

 김영순 시인은 앞으로도 이런 고결한 정신과 헌신으로 더더욱 깊고 심오한 작품 세계를 이뤄나갈 것이라 믿어 의심치 않는다. 지금까지 살아온 인생길의 아프고 슬픈 '파도'에서 벗어나 새로운 여정의 인생길이 활짝 열리기를 기원 드리면서 축복을 빈다.(L)

| 蘭軒 김영순의 약·경력 |

- 원주 문막 출생.
- 강원대 사대 음악과 졸업.
- 가톨릭 관동대 대학원 전체수석졸.
- 정신문화원 박사수료.
- 저서 〈교사.학생을 위한 반주법〉
- 전 중등음악교사 및 가톨릭 관동대 음악과 강사 (1981~2008)
- 관동대 예체능 교수논문집 논문게제 외 두 편
- YWCA여성 합창단 지휘자 및 교회음악 지도. 반주
- 음악 상담심리 1급 자격증 및 문학상담 심리 1급자격증 소지
- 2013년 월간 문학세계 신인 작품상 등단
- 문학상 : 제 6회 백교문학 대상 수상. 허난설헌 문학상. 에피포도 문학상. 송강 문학 예술상 등
- 시집 〈귀가 순해지는 날의 시작 - 글나무 출판사. 2018년〉
  〈상처난 꽃에게 모차르트를 처방했다 - 성원 출판사. 2025년〉
  〈상처난 꽃에게 희망을 - 성원 출판사. 2025년〉
- 현재 : 한국문인협회. 강원문학. 강원여성문학회. 강릉문학. 관동문학. 강릉여성문학. 백교문학등에서 문학 활동 중. 강릉문협 산하 〈글소리 중창단〉 대표. 지휘 및 반주 · 작곡자

이메일: tina5416@naver.com
주소 : 강원특별자치도 강릉시 강중길 20번길 5-2

상처난 꽃에게 희망을 © 김영순

인쇄 · 2025년 09월 26일
발행 · 2025년 09월 30일

지은이 · 김영순
펴낸이 · 홍명수
펴낸곳 · 성원인쇄문화사

강원특별자치도 강릉시 성덕포남로 188
대표전화 · (033)652-6375
이메일 · 6526375@naver.com

ISBN 979-11-92224-62-6 (03800)

※ 잘못된 책은 바꾸어 드립니다.